MADAME MANSON

EXPLIQUÉE,

OU

Réfutation de ses Mémoires.

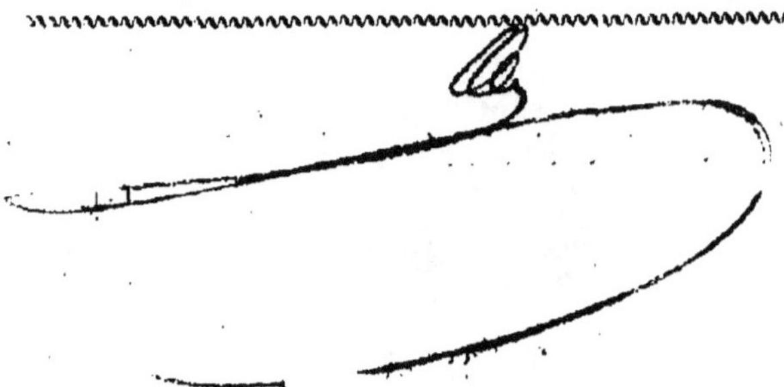

MADAME MANSON

EXPLIQUÉE,

OU

Réfutation de ses Mémoires.

PAR M. P. L.

PARIS,

J. G. DENTU, IMPRIMEUR-LIBRAIRE,

rue des Petits-Augustins, n° 5 (ancien hôtel de Persan).

1818.

INTRODUCTION.

IL en est de quelques individus comme de beaucoup de choses, il ne faut pas les voir de trop près. Malheureusement pour la plupart de ceux qui cherchent à fixer les regards de la multitude, il est rare qu'ils sachent se tenir à une portée convenable à l'effet qu'ils veulent produire, et quand on calcule mal cette distance, il faut s'attendre à un effet contraire. Tel homme, par des talens supérieurs, la force de son caractère ou de son génie, sort de l'état obscur où le destin l'avait placé; cet homme s'appartient tout entier, il est son propre ouvrage ; sa réputation, sa gloire, tout est à lui, il ne doit rien au hasard ; mais il n'en est pas de même de celui qui n'occupe momentanément l'attention publique que par un de ces évènemens fortuits, sans lequel il fût resté ignoré toute sa vie ; n'étant que l'ouvrage des circonstances, comment cet homme pourrait-il leur survivre ? Il doit donc rentrer dans la foule, dès que ces circonstances ont cessé d'agir. Mais si on le voit faire de vains efforts pour rester en évidence, c'est alors qu'il est vrai de dire qu'il se fait voir de trop près, qu'il ne sait pas rester à son véritable point de vue. L'illusion qui lui était favorable cesse aussitôt : il est jugé !..... jugé, comme on juge des travers d'un esprit médiocre, comme on juge des sottises de l'amour-propre, que le ridicule châtie mieux qu'il ne corrige. Mais quand cette célébrité du moment se rattache au plus affreux des crimes! quand on s'est fait de plein gré le propre artisan d'une scandaleuse renommée, tant l'envie de faire parler de soi l'a emporté sur toutes considérations; nous le demandons, que doit-on penser d'une femme qui, pour satisfaire cette puérile et présomptueuse vanité, a recherché la publicité, même sous les auspices du crime?

On sent qu'il s'agit ici de Mme Manson, qui joue un rôle si extraordinaire dans l'horrible assassinat de M. Fualdès. Il y a bientôt un an que cet atten-

lat a été commis ; et depuis cette époque, toute la France a les yeux sur
cette dame, dont la conduite inexplicable, dans le cours de la procédure contre les prévenus, n'a laissé
entrevoir à la justice qu'un abîme de
mystères, dans lequel elle a craint de
s'égarer sans le secours de ce personnage non moins mystérieux lui-même.
On n'ignore point aujourd'hui les
détails de cette malheureuse affaire,
et tout le monde attend avec le plus
vif intérêt l'ouverture des assises
d'Alby, pour connaître enfin et les
vrais coupables et leur nombre.

Mᵐᵉ Manson a cru pouvoir profiter
de cet intervalle pour occuper plus
particulièrement d'elle le public, en
lui donnant des Mémoires sous son

nom. L'évènement qui en fournit la matière touche de trop près à la sûreté des citoyens, il intéresse trop la morale publique pour que cette brochure n'ait pas eu le débit le plus rapide. Si c'est une spéculation que Mme Manson a voulu faire, c'est fort bien calculé, car ces Mémoires sont à leur sixième édition ; mais l'argent ne dédommage pas de tout, et il vaudrait mieux pour cette dame qu'elle fût restée, jusqu'au dénoûment de cette sanglante tragédie, enveloppée du voile qui la couvrait jusqu'alors, et dont elle nous semble avoir imprudemment levé une partie dans ses Mémoires.

Ce qu'elle nous cache encore, on le devine, et bien qu'elle prétende se connaître à peine et paraisse désirer une analyse de son caractère (pour nous servir de ses propres expressions), nous croyons qu'il se trouvera tout analysé dans l'esprit de quiconque aura lu ses Mémoires avec une attention soutenue; pour peu que l'on soit susceptible de méditer quelquefois sur la marche des passions humaines.

C'est du moins là l'effet qu'ils ont produit dans notre esprit; effet d'autant plus sensible, que nous nous étions fait de cette femme une toute autre idée avant de connaître ses Mémoires. Nous dirons plus, c'est que nous les avons lus, animé du désir de la trouver telle que nous nous l'étions représentée, tant l'amour-propre nous fait sentir de répugnance à reconnaître que nous avons pu nous tromper.

Malgré des préventions si favorables à Mme Manson, malgré le touchant intérêt qu'inspire le malheur, nous l'avoûrons, frappé, à la lecture de ces Mémoires, des aveux indiscrets, des conséquences nombreuses qu'ils renferment, nous n'avons plus hésité à croire que Mme Manson ne dût imputer une grande partie de ses malheurs à elle seule ; que la position où elle trouve est moins une conséquence forcée de la mort de M. Fualdès, que le résultat de sa propre conduite. Son caractère nous a paru être la source de tous les chagrins qu'elle dit avoir éprouvés. Il semble, en effet, participer de celui des deux sexes. C'est un mélange de faiblesses et de résolutions hardies qui, se combattant sans cesse, ne pouvait produire que de l'agitation et du trouble dans son ame. Une vie douce, simple et réglée ne convenait point à un tel caractère ; aussi voit-on qu'elle ne fût pas heureuse en ménage. On ne sait de quel côté sont les torts ; peut-être venaient-ils de tous les deux : quoiqu'il en soit, même sous ce rapport, elle ne s'est acquis aucun titre à l'estime publique. « Elle « prêtait plus que personne, avoue- « t-on, aux intentions malveillantes, « et semait les ennemis sur ses pas. »

On peut donc en inférer que de fausses idées de bonheur, des pas-

sions vives, beaucoup de confiance
en soi, ont été, si nous voyons juste,
les principaux mobiles de presque
toutes ses actions. Qu'on ajoute à
cela, une imagination exaltée, romanesque, qui aime à se perdre dans
le vague des illusions; un esprit qui
n'est point ordinaire, mais difficile
à soumettre, dont on s'est exagéré à
soi-même l'étendue, parce qu'il n'est
pas sans culture, et le rôle singulier qu'a joué Mme Manson jusqu'à ce
jour confondra moins la pensée; on
sera moins étonné qu'elle ait pu s'é-
garer au point de créer ce rôle en
partie. Si chez certains hommes l'a-
mour - propre tient souvent lieu
d'honneur, chez les femmes quel
frein puissant les arrête tant qu'elles

conservent leur modestie ! Mais il faut le dire, malheur à celle qui dit une vérité quand elle écrit dans une de ses lettres : « Rarement je calcule « les évènemens qui résulteront d'une « action que mon cœur me dira de « faire, et il est rare que j'aie des re- « mords. »

Nous allons passer à l'examen critique de ses Mémoires, où nous aurons tant d'occasions de relever les choses bizarres, incohérentes, les contradictions que nous y avons remarquées, et de prouver ce qui vient d'être dit plus haut sur le véritable caractère de leur auteur. Toutefois, avant d'entrer dans cet examen, nous croyons devoir le faire précéder de la déclaration suivante.

Il n'entre point dans nos vues d'aggraver la position de Mme Manson ; nous ne préjugeons rien sur le jugement qui doit intervenir sur son compte. Nous sommes loin de croire qu'elle ait, en quoi que ce soit, participé à l'assassinat de M. Fualdès : entre des erreurs et des crimes, il y a une distance immense qu'à nos yeux Mme Manson n'a pas franchie. Mais l'amour de la vérité, par une sorte d'impulsion que nous n'avons pu réprimer, nous entraîne à manifester l'opinion que ses propres écrits autorisent aujourd'hui à concevoir de sa personne ; convaincu qu'il ne peut être indifférent pour la société qu'une femme qui paraît retenir un secret du plus haut intérêt dans l'ordre moral, soit commentée sur ses propres aveux, et vue dans le plus grand jour, pour qu'on puisse apprécier le fond de sa conduite à sa juste valeur, puisqu'elle n'a pas craint d'en appeler elle-même à l'opinion. Cette tâche serait pénible sans doute, si nous n'eussions été soutenu par l'espoir d'éclaircir également les doutes qu'on n'a point encore levés, sur une question préjudicielle qui nous semble être de la plus haute importance dans la connaissance de tous les auteurs du crime.

Nous nous sommes attaché à cette question, parce que nous l'envisageons comme la clé de la voûte dans l'arrêt que le public va prononcer à l'égard de Mme Manson, et qu'une

fois cette question résolue affirmativement, on tient le fil salutaire qui
doit servir à parcourir ce dédale ténébreux où les coupables se sont
réfugiés, et dans lequel les juges ne
marchent qu'en tremblant, retenus
par la crainte de frapper au hasard.

Ainsi donc cet examen a pour but
de dissiper, autant qu'il est en nous,
l'obscurité qui environne cette affaire, relativement au rôle singulier
que joue Mme Manson, en cherchant
à asseoir un jugement sur ce personnage extraordinaire, dont ses propres Mémoires formeront la base ; de
démontrer que loin que ces Mémoires
soient composés (1) dans l'intérêt de

(1) Nous disons *composés*, parce que l'on indique
M. de la T*** pour auteur.

sa cause, on y découvre la preuve de beaucoup d'erreurs et de quelques fautes graves de la part de Mme Manson; fautes dont les conséquences pourraient lui devenir si funestes, ainsi qu'à sa famille, et être même un jour un sujet de douleur pour la société en général. Mais il est temps d'aborder ces Mémoires.

Mme MANSON EXPLIQUÉE,

ou

RÉFUTATION DE SES MÉMOIRES.

—

C'EST à Mme Enjalran, sa mère, que Mme Manson adrese sa justification. Elle ne pouvait, en effet, déposer l'aveu de ses fautes dans un cœur ni plus tendre ni plus disposé à l'indulgence. On verra bientôt si Mme Manson a dit la vérité toute entière, ou bien si, même avec la plus tendre des mères, qu'elle nomme la plus fidèle des amies, elle a usé des réticences que l'intérêt de sa cause rendait indispensables.

Mais, ayant reconnu qu'il nous serait impossible de nous engager dans la discussion de ces Mémoires article par article, sans nous livrer à des répétions fastidieuses, attendu qu'un fait cité se trouve lié à telle ou telle circonstance dont il n'a pas encore été parlé; que l'esprit d'analyse qu'on doit apporter dans la discussion de ces faits, veut qu'on examine les rapports qui peuvent exister entr'eux, et le plus ou moins d'influence qu'ils ont pu avoir sur l'ensemble des évènemens, nous avons cru qu'il conviendrait beaucoup mieux de mettre sous les yeux du lecteur, avant tout, une exposition rapide des circonstances les plus remarquables de la conduite de Mme Manson dans l'affaire Fualdès, sans·rien changer à l'ordre qu'elle a mis elle-même à les raconter, et en indiquant, pour en faciliter la recherche, les n^os des pages où elles se trouvent rapportées.

Tout ce qui tient au développement de ces circonstances ne se trouvera point renfermé dans cet exposé, il est beaucoup de traits de détails que nous ne passerons pas sous silence; mais ils sont noyés dans une foule de réflexions que fait Mme Manson sur elle-même; et il eût fallu copier une très-forte partie de ses Mémoires pour n'omettre aucune citation essentielle, ce qui nous aurait entraîné trop loin.

Nous nous réservons donc de citer, dans le

cours de cette discussion, les divers passages de ce livre, qui nous paraîtront encore être de quelque poids dans la recherche de la vérité, certain qu'on ne nous supposera pas capable d'en altérer le texte pour favoriser notre opinion. Au surplus il est nécessaire, pour apprécier cet écrit, qu'on ait lu les Mémoires de Mme Manson; ainsi une citation inexacte, une phrase tronquée n'échapperait point au lecteur.

C'est un peu antérieurement au 19 mars, jour de l'assassinat de M. Fualdès, que Mme Manson commence le récit de son histoire; les faits qu'elle raconte jusqu'alors sont sans intérêt, excepté la seule circonstance de sa première rencontre avec M. Clémendot, chez Mme Constans marchande de modes; rencontre qui, s'il faut l'en croire, lui fut si désagréable par le mauvais ton de cet officier, qu'elle sortit de suite de chez Mme Constans, pour ne pas se trouver plus long-temps avec lui. Nous reviendrons sur cette particularité.

Elle arrive au terrible jour de l'assassinat,

jour où le récit des actions de Mme Manson est de la plus grande importance, parce que c'est sur ce récit que s'appuie une partie de son système de défense, pour détruire ses premiers aveux et prouver son alibi de chez Bancal, à l'heure où le crime a été commis. Ce récit est également important pour nous; il est lié à la question préjudicielle dont il a été parlé dans l'introduction, et que nous nous sommes chargé d'éclaircir. Quand il en sera temps, nous demanderons toute l'attention du lecteur sur ce point essentiel.

Suivant Mme Manson (pages 6 et 7), elle a passé toute la soirée du 19 mars avec la famille Pal, chez laquelle elle était logée. A dix heures elle se retira pour se coucher, après avoir écouté une lecture de piété, et fait la prière du soir avec la famille. *L'existence de ce fait, dit-elle à sa mère, est aussi incontestable que celle de votre tendresse pour votre fille.*

Le lendemain, à sept heures, elle apprend qu'on a trouvé un homme noyé dans l'Aveyron;

puis que le mort était M. Fualdès : ce qui l'a fait s'écrier : Ah! tant pis; on dit que c'était un honnête homme. Mme Manson ne l'avait vu qu'une fois à son domaine de Serres, où elle et sa mère furent comblées de politesses.

Entraînée par les petites Pal, elle va voir le cadavre de ce malheureux, qu'elle reconnaît; et, comme elle ne lui portait pas alors tout l'intérêt qu'il lui a inspiré par la suite, elle avoue qu'elle accompagna le cadavre sans être très affectée (page 8).

Pendant la journée, ne recueillant que des bruits vagues sur cet évènement, elle attendit d'être mieux instruite pour en informer sa mère (page 11).

Le 23, Mme Manson trouve chez Mme Constans une demoiselle Rose Pierret, qu'elle connaissait fort peu, et qui paraissait très-affectée de l'assassinat de M. Fualdès. Voici les propres paroles de Rose Pierret citées par Mme Manson (pages 12 et 13) :

C'est horrible, répétait-elle, on a saigné ce malheureux sur une table avec un mauvais cou-

teau ; le pied de la table a cassé, on l'a remis dessus ; il a demandé un instant pour recommander son ame à Dieu ! Non, lui a répondu brutalement Bastide, il faut mourir. On les aura tous ces misérables, ou le ciel ne serait pas juste.

On prie le lecteur de remarquer que Mme Manson ne fait aucune réflexion après de pareils détails donnés par Rose Pierret (page 14). Elle communique ces détails à Sophie Rodat, et ne juge point à propos de les transmettre à sa mère (page 14).

Quelque temps après, Rose Pierret dit à Mme Manson qu'il y avait deux coupables qu'on ne tenait pas ; Mme Manson n'eut pas plus de soupçon que Rose n'en sût encore davantage qu'elle n'en disait (page 16).

Quelqu'un ayant dit à Mme Manson que Bousquier avait déposé qu'il croyait avoir reconnu Jausion dans la cuisine de Bancal, cela lui fit dire à son cousin, qu'elle croyait à la déposition de ce co-accusé ; mais qu'elle ne pouvait lui en garantir la véracité. Il a mal entendu, dit - elle, ou je me suis exprimée d'une manière peu intelligible, cela m'arrive quelquefois ; il en résulte de grandes conséquences (pages 16 et 17).

Mme Manson entre ensuite dans quelques détails sur la manière dont elle a fait la connaissance de M. Clémendot (pages 17 à 26). C'est au spectacle qu'elle lui parla pour la première fois ; et, le lendemain, se trouvant à la promenade avec Rose Pierret, chez qui elle avait été avec son frère, ils sont accostés par cet officier dont elle prend le bras. Mme Manson était en train de rire ; on rentre en ville, qu'il était tard : une collation est offerte par Rose ; on revient chez elle ; on rit beaucoup aux dépens et en présence du pauvre Clémendot ; puis tout à coup Édouard (le frère de Mme Manson) propose de ne pas se séparer de la nuit, d'aller déjeûner à Espalion. La route parait trop longue, on hésite ; surtout Rose, qui craignait le retour de son père. Mme Manson prend tout sur elle ; on part en voiture pour la baraque de Flavin, où on déjeûne. Le retour fut encore égayé par le récit des aventures d'Édouard et des bonnes fortunes de M. Clémendot dans Rodez même, récit qui fut payé par beaucoup de persifflage de la part d'Édouard. Et, enfin, Mme Manson se trouve amenée à faire à sa mère un portrait hideux de M. Clémendot, au moral et au physique; c'est à cet homme, dit-elle, que j'aurais fait des révélations! etc. (page 27.). On verra plus tard, ce qu'on doit en penser : poursuivons.

Ces dames rentrent seules en ville, Mme Manson reconduit Rose chez son père, qui n'était point encore de retour, et revient chez elle. Elle ajoute : *On ne se douta pas dans la maison que j'avais passé la nuit dehors* (page 28). Ce dernier passage mérite quelqu'attention.

Le lendemain Clémendot, qui devait faire une visite avec Édouard, aperçoit ce dernier à la fenêtre de l'appartement de sa sœur, et monte chez elle. Peu de temps après, Mme Manson va chez Rose Pierret, où elle avait donné rendez-vous à son frère, qui ne tarda pas à arriver, dit-elle, avec l'éternel Clémendot. Mais

son frère, que la présence de cet officier en-
nuyait, lui dit : Allez - vous en, vous nous
excédez (pages 28 et 29). Le sérieux de cette
apostrophe déconcerta le pauvre aide-de-camp,
qui prit le parti de se retirer.

Nous aurons occasion de revenir sur ce
fait.

Toujours de chez Rose, Mme Manson voit,
de la fenêtre, un homme que l'on menait au
supplice. Comment pouvez-vous rester là, lui
dit Rose; oh bien, dit - elle, faut - il tant le
plaindre? c'est sans doute un assassin. «Voyez,
« il a une robe rouge; je verrais ainsi passer
« de sang froid les meurtriers du malheureux
« Fualdès (pages 29 et 30). » On verra, plus
tard, que Mme Manson présumait mal de ses
forces.

L'importance des faits que raconte Mme Manson aux pages 30 et 31 de ce Mémoire,
nous oblige à la laisser parler elle-même un
moment.

*Il y avait une grande foule devant les Cor-
deliers pour voir Jausion, qui était inter-*

rogé ce jour-là. Edouard venait de nous dire qu'il l'avait vu dans la rue., et que Jausion était très-pâle : « Je craindrais de le voir, dit Rose ; je le plains, je ne voudrais. pas me trouver à Rodez s'il était exécuté. »

Je suis à présent persuadée que si Mlle Pierret s'est trouvée présente à l'assassinat, elle doit la vie à Jausion, ou que plutôt, ne l'ayant pas vu, elle regrette de le voir accusé. Je suis assez portée à croire que le Monsieur de moyenne taille, que Bousquier a pris pour Jausion, était un autre que lui. D'où peut provenir une telle opinion de la part de Mme Manson ?........

Elle continue :

Nous revîmes Edouard, qui nous souhaita le bonsoir, sans descendre de cheval ; il avait revu M. Clémendot ; ils s'étaient embrassés, et avaient pris congé l'un de l'autre pour long-temps, parce que l'aide-de-camp devait partir le lendemain dans la nuit, avec son général, pour un département fort éloigné. Je restai encore quelque-temps chez Mlle Pierret; elle avait un petit voile blanc, comme celui que j'ai fabriqué aux dépens d'une pointe de tule. « Ah! ah! lui dis-je, vous adoptez mes modes ». Elle ne me répondit pas grand'-chose, et passa dans la chambre, où son armoire était ouverte. Il y avait un grand voile noir, tel que les portent les Espagnoles. Je le mis sur ma tête : « il est bien beau, dis-je à Rose, où l'avez-vous acheté ? — A Paris. — Vous avez été à Paris ? Il a dû vous coûter bien cher. — Ah! oui, bien cher. » Elle prit le voile assez brusquement ; le jeta dans l'armoire et la referma. Son action me surprit ; j'ignorais alors qu'il y eût une femme voilée dans la maison Bancal le 19 mars. Je ne pus donc avoir encore aucun soupçon au sujet de Rose ; mais il est certain que son air embarrassé, en me parlant de son voile, me surprit au moment même.

Rentrée chez elle, Mme Manson entend frapper à sa porte, et voit entrer M. Clémendot, qu'elle invite à se retirer, et qui lui répond que cela n'est pas pressé. Elle prend le parti de sortir et de laisser cet officier seul ; ce parti lui réussit ; une heure après, elle ne le retrouve plus (page 32).

Le lendemain, Clémendot se représente encore ; à l'air effrayé de Mme Manson, à ses instances, il consent enfin à se retirer (*id.*).

Mme Manson va au spectacle, où elle aperçoit M. Clémendot dans le parterre, qui disparaît aussitôt ; en se retournant, elle le voit derrière elle. Il lui fait un signe de vengeance, et se retire (page 34).

Retirée chez elle, encore l'infatigable Clémendot, qui entre dans sa chambre, et en ferme la porte à clef. La crainte d'un éclat ridicule, et trouvant son adversaire peu redoutable, elle n'appelle point de monde. C'est à cette nuit que Mme Manson attribue tous ses malheurs : mais il est essentiel de la laisser encore raconter elle-même cette aventure (page 35).

Il y avait un grand souper chez M. le général de Wautré ; M. Clémendot en était, il y avait pris grande part, suivant son usage.

Il ne pouvait se soutenir, il chancelait à chaque pas. Il s'approcha de moi et tenta de m'embrasser. Je le repoussai à l'autre extrémité de la chambre. Je l'engageai à se retirer, il me dit que je perdais mon temps, et qu'il ne s'en irait qu'à trois heures, au moment où le général partirait; il ajouta qu'il avait envie de dormir. Il bâillait en effet beaucoup, et s'endormit, où fit semblant de dormir. Pendant ce temps, je réfléchis à ma situation, qui était fort singulière ; ce n'est pas, comme je l'ai dit, que M. Clémendot fût à redouter pour moi; car on prétendait qu'en partant de Rodez, il emportait d'amers souvenirs ; il passait pour un débauché, un ivrogne; et pour être accablé de dettes. J'avais appris cela dans la matinée, et l'on ajoutait même que ses créanciers, avant son départ, voulaient lui donner une bonne quittance sur les épaules.

Lorsque l'aide-de-camp eut dormi une demi-heure, je le priai encore de se retirer. Il me dit qu'il savait quelque chose de fort intéressant, et qu'il me le confierait. « *Apprenez que le bruit court en ville*, qu'il y avait une femme chez Bancal, pendant l'assassinat ; les uns disent que c'est Mlle Avit. Je l'interrompis, pour lui dire que je ne croyais pas Mlle Avit capable de se trouver dans un si mauvais lieu ; et que d'ailleurs, on n'aurait pas souffert un témoin de l'assassinat, qui eût pu en dénoncer les auteurs.

Plusieurs personnes ont prétendu, me dit-il, que vous y aviez donné rendez-vous à quelqu'un. — Ah ! dis-je, il ne manquerait que de me trouver impliquée dans l'affaire de M. Fualdès. — On ajoute, dit encore M. Clémendot, que lorsque vous fûtes dans la maison, la Bancal, entendant venir du monde, vous cacha dans un endroit d'où vous pouviez tout voir et tout entendre.

Je le regardais avec de grands yeux ; il poursuivit : C'est bien vous ? Allons, convenez que c'est vous. — Oh ! sûrement, lui dis-je, c'est moi. — Pauvre femme ! comme cela vous rend intéressante à mes yeux ; on dit que

Bastide voulait vous tuer, et que Jausion vous sauva la vie. Si vous saviez l'intérêt que j'ai dans cette affaire; si vous saviez ! si vous pouviez comprendre tout l'intérêt que j'ai dans cette affaire ! (page 38).

Monsieur Clémendot parlait très-haut, dit Mme Manson, elle le pria de baisser la voix, il se mit à chanter; et, pour le faire taire, elle lui donne du chocolat, après quoi elle le décide à se retirer.

Nous prions le lecteur de bien peser tous ces détails, et surtout de remarquer un fait; c'est que Mme Manson ne fit que cette réponse unique : *Oh! sûrement, lui dis-je, c'est moi.*

Mme Manson dit que M. Clémendot avait prévenu un de ses amis, qu'il viendrait chez elle à minuit, et que ce jeune homme le vit sans doute entrer à cette heure (pages 38 et 39).

Bientôt Mme Manson est citée au tribunal, où elle répond qu'elle ne sait rien de l'assassinat de M. Fualdès. Ce jour là, elle se rend à la comédie, où tous les regards fixés sur elle ne l'étonnent plus quand elle se rappelle son assignation. Là, M. le général de Wautré lui dit ces propres paroles : « Madame, vous « avez mal placé votre secret, il est maintenant « public ; M. Clémendot est un indiscret, vous « eussiez pu choisir un meilleur confident. » (pages 39, 40 et 41). A quoi Mme Manson eut à peine la force de répondre quelques mots pour se justifier.

A la sortie du spectacle, M. Clémendot offre son bras à Mme Manson, qui, dit-elle, fut au moment d'éclater, et qui se reproche d'avoir eu trop de ménagemens avec ce monstre.

Confrontée avec M. Clémendot, elle nie lui avoir avoué qu'elle était le 19 mars au soir dans la maison Bancal, mais d'un ton calme et tranquille (page 44).

Les Pal, continue-t-elle, croyaient et croyent sûrement encore aujourd'hui, que j'étais chez eux le 19 mars ; mais ils en seraient encore plus certains, qu'ils ne le soutiendraient pas en justice, dans la crainte de se compromettre, et qu'on ne dit dans le monde, qu'ils me tiennent la main. *Ceci est à remarquer.*

Mais Mme Manson croit voir des causes de désastres dans sa dénégation. Elle met des conditions à l'aveu de la vérité, et dit à M. Julien, chargé de l'engager à tout révéler, que si son père promet de ne point lui reprocher sa conduite, de payer sa pension exactement, et surtout de ne pas la forcer à vivre au Perrié, elle dira tout à M. le Préfet (pages 49 à 52.)

Ces conditions sont acceptées, et elle écrit une lettre au Préfet, que l'on trouve dans ses Mémoires, sous le n° 2, où elle lui mande qu'elle va lui dévoiler un secret impénétrable pour tout le monde, et consent à une entrevue chez lui, avec M. Clémendot. Cette entrevue a lieu le lendemain, et voici ce qu'elle dit à M. Clémendot devant M. le Préfet :

Puisqu'il faut rendre l'honneur à un brave officier, je conviens que je vous ai avoué m'être trouvée dans la maison Bancal le 19 mars, mais sûrement, je ne vous ai pas dit que Bastide et Jausion y fussent (page 55).

Clémendot répond que Mme Manson a raison, et le préfet l'assure de nouveau qu'il n'en fait pas mention.

Restée seule un moment avec Clémendot, Mme Manson lui dit qu'il doit être satisfait, et sûrement qu'il partira incessamment.

M. Enjalran survient, et sa fille ne manque pas de lui dire qu'elle s'est moquée de M. Clémendot; qu'elle n'a été de sa vie dans la maison Bancal (pages 56 et 57). Son père furieux à ces mots, lui dit: « A qui voulez-vous persuader « que vous avez pu faire un badinage de ce « genre ? Qui le croira ? »

Seule avec M. le préfet, Mme Manson ne nie plus qu'elle fût dans la maison Bancal, *mais qu'elle n'y a reconnu personne*. M. Enjalran rentre, et demande à Mme Manson ce qu'elle a été faire dans la maison Bancal; elle lui répond, qu'elle croyait y avoir vu entrer un homme dont elle épiait les démarches; que quelqu'un l'avait saisie dans le *corridor* et l'avait conduite elle ne sait où (page 59).

On convient de mener Mme Manson dans

cette maison, et le préfet, M. Enjalran, M. Julien, et Brugnières greffier, s'y rendent le soir avec elle. Aux diverses questions qui lui sont faites (pages 60 et 61), elle répond qu'elle n'a rien vu, rien entendu; que quelqu'un était venu la reprendre et l'avait menée dans la rue. Elle persiste à dire qu'on ne lui a rien dit; mais convient qu'on lui a écrit sur un petit morceau de papier : *Si tu parles, tu périras !* Arrivée dans la maison Bancal, Mme Manson s'y évanouit à l'aspect de cette grande table où M. Fualdès avait été égorgé; et pressée d'en sortir, dit-elle, elle répondit *oui* à tout ce qu'on lui demanda.

En sortant de chez le préfet, Mme Manson se plaint de ce qu'il lui en fait trop dire, et ajoute tout bas, « même ce que je ne sais pas ». Cela lui vaut une nouvelle entrevue avec le préfet, où elle compléta et signa sa déposition. M. Clémendot ayant dit au préfet qu'elle était en homme le 19 mars, Mme Manson convient du fait; mais que son pantalon était brûlé, et qu'il ne lui restait que son spencer. Sur l'observation qui lui fut faite qu'elle avait brûlé son

pantalon parce qu'il y avait du sang : eh bien !
oui, dit-elle, il y avait du sang (pages 62 et 63).

Mᵐᵉ Manson confirme par son récit, à une
femme de chambre nommée Victoire, la déposition qu'elle a signée chez le préfet, mais lui
recommande le secret.(page 64). Puis ici, elle
entre dans le détail de ses irrésolutions, de ses
craintes; mais dont le résultat est de confirmer
sa déposition, et de promettre à son père de la
soutenir devant la Cour de Montpellier.

Elle reçoit un billet anonyme, et a une entrevue secrète avec Mᵐᵉ Pons, sœur et belle-
sœur de deux condamnés, qui arrive chez elle
déguisée, et qui ne la quitte qu'après minuit
(page 72).

Le lendemain matin, dès sept heures, elle
écrit et envoie au préfet la pièce qui est sous le
nº 6 dans ses Mémoires, où elle rétracte toutes
ses dépositions, et nie positivement qu'elle ait
jamais été dans la maison Bancal (page 77).

Puis, sous le nº 8, Mᵐᵉ Manson écrit que sa
déposition est vraie et fausse, qu'elle est sensée
avoir été dans la maison Bancal; qu'un instant

de plus elle disait tout, mais qu'elle le dira demain. Elle témoigne de l'inquiétude pour sa
sûreté..... (page 83).

Au tribunal, les accusés Bastide et Jausion
sourient à Mme Manson dès qu'ils l'aperçurent;
elle fait la réflexion qu'ils se perdaient et la perdaient aussi (page 102).

Mme Manson fait l'aveu qu'elle avait conçu
le projet de brûler la cervelle à M. Clémendot,
dont la mort, dit-elle, aurait sali les mains de
son frère (page 104 et 105).

Une autre lettre de Mme Manson au préfet,
sous le n° 11, est remarquable par cette phrase :
« Bientôt vous serez peut-être à même de solli-
« citer ma grâce. » Phrase qu'elle applique à son
projet de tuer M. Clémendot (page 106 et 107).

Page 113. Elle répète les paroles qu'elle avait
dites au préfet, et que voici :

*Quand je serai au tribunal, la figure de
Jausion s'allongera ; il aimerait mieux que
je fusse la femme enfermée chez la Bancal ;
mais je la ferai peut-être retrouver.* »

Mme Manson après avoir rendu compte de

son entrevue à la préfecture, avec le fils de M. Fualdès, dans laquelle ces mots lui échappèrent contre les accusés : « Vous les croyez « coupables, eh bien! ils périront; vous serez « vengé. » Après avoir cité la lettre pleine de mystère qu'elle écrivit à son père, elle entre dans toutes les circonstances qui ont précédé et suivi cette fameuse séance du 22 août, où ce qu'elle dit a completté la conviction du jury contre les prévenus; elle rappelle ces paroles non moins mémorables qu'elle prononça au tribunal le 12 septembre : « Tous ne sont pas « dans les fers, et la vérité ne peut sortir de ma « bouche (pages 118 à 122 et 145).

Tels sont les faits les plus marquans que Mme Manson nous raconte de cette tragique aventure; la suite de ses Mémoires complète la chaîne des évènemens dans lesquels elle joue un rôle si ténébreux. Nous allons tâcher de démontrer que, loin que ces Mémoires puissent servir à sa justification, ils détruisent sans retour l'espèce de prestige qui semblait l'environner et la protéger encore. Nous ferons ressortir cette opinion, de l'existence même des faits, pour nous garantir du soupçon fâcheux d'avoir agi ou par passion, ou par légèreté dans une cause aussi grave, et qui nous était tout à fait étrangère. Rien, pourtant, de ce qui tient à l'ordre social, ne peut être indifférent à tout être pensant, et s'il croit que ses réflexions puissent jeter quelques lumières sur un crime, dont l'impunité serait un juste sujet d'alarmes pour la société, il fait son devoir en les publiant. C'est un hommage que tout homme doit à la cause sacrée de la justice et de l'humanité.

Pénétré de ce devoir, nous dirons librement notre pensée. Il s'agit ici, d'ailleurs, d'une femme qui n'est point complice de ce crime : nous laisserions à ses juges la pénible fonction d'assurer la vengeance des lois ; mais d'une femme qui par ses aveux, ses réticences, ses dénégations et sa conduite toujours mystérieuse, ne permet pas de douter que les coupables lui sont connus, mais que de puissans intérêts la réduisent à garder le silence.

En effet, de fortes présomptions que Madame Manson était, le 19 mars, dans la maison Bancal, pèsent toujours sur elle. La déposition de M. Clémendot, confirmée par ses propres aveux, ses lettres au préfet de l'Aveyron, les paroles quelle a proférées au tribunal dans les séances des 22 août et 12 septembre, l'opinion de sa famille, de toute une ville, les mots qui lui sont échappés en diverses circonstances, la déclaration de Magdeleine (fille de Bancal), qui l'a reconnue pour être celle qui était chez son père à l'heure fatale, et enfin le silence de la famille Pal, au lieu de protester en faveur de son alibi; n'est-ce donc d'aucun poids dans la balance de l'opinion? et Mme Manson, doit - elle s'étonner que l'on doute de la véracité de ses nouvelles allégations, après un concours si extraordinaire de choses qui les combattent avec tant de force?

Que Mme Manson l'avoue de bonne foi, le rôle qu'elle soutient est inouï dans les annales criminelles; et si elle pouvait oublier un instant que c'est elle qui le joue, il ne serait pas difficile de deviner ce qu'elle penserait du personnage qui serait supposé à sa place. Ce n'est pas que le hardi projet de quitter tout à coup la direction qu'on avait prise pour échapper à des recherches importunes, ne suppose une certaine force de caractère; il ne faut, pour cela, se défier ni de son courage ni des ressources de son esprit; mais Mme Manson a-t-elle bien calculé toutes les chances de cette entreprise? Préférer les ténèbres au grand jour, se jeter au milieu de mille écueils et d'affreux précipices, n'est-ce pas laisser croire que cette lumière précieuse qu'elle allait diriger sur une scène d'horreur qui crie vengeance, reflèterait sur elle-même dans ce hideux tableau? Faut-il alors se demander pourquoi Mme Manson a détruit son propre ouvrage; pourquoi elle a cherché à nous replonger dans la plus profonde obscurité? Ses tergiversations, ses incertitudes ne nous font-elles pas voir la nature du sacrifice que sa fatale position lui imposait pour éclairer la justice? Elle n'a pas su le consommer, ce sacrifice généreux, et nous allons examiner quels sont les motifs qui ont puissamment in-

flué dans les fausses démarches où elle s'est en-
gagée.

Mme Manson nie aujourd'hui positivement
d'avoir jamais fait à M. Clémendot l'aveu
qu'elle se fût trouvée dans la maison Bancal.
On a vu dans le cours de ses Mémoires sur
quoi elle appuie cette dénégation. Voyons les
inductions qui dérivent naturellement de sa
liaison avec cet officier.

Pour prémunir le lecteur contre toutes préventions défavorables à sa réputation, attendu les particularités qu'elle a eues avec lui,
Mme Manson remonte de fort loin; elle raconte
combien M. Clémendot lui a déplu le jour
qu'elle le vit chez Mme Constans; que c'est au
spectacle, où il vint se placer près d'elle, qu'il
lui parla pour la première fois.

Au portrait peu flatteur qu'elle en fait, on a
lieu d'être surpris de les trouver si souvent ensemble. On ne sait comment concilier une anti-
pathie si fortement exprimée avec des rapports
qui constituent une véritable intimité. Il ne suffit point que Mme Manson ne tarisse pas sur le

dégoût que lui inspire M. Clémendot, il fau-
drait encore que sa conduite en donnât la
preuve. Quoi! Madame Manson, un homme
qui vous était si insupportable, et que le hasard
d'une rencontre a mis un moment dans votre
société, cet homme ne vous quitte plus de toute
une nuit; vous l'admettez, de plein saut, dans
une de ces parties où l'on n'admet jamais d'é-
trangers! Tout l'art possible échouerait à vouloir
accorder des choses aussi contradictoires : mais
ce n'est rien, il n'y a encore là que de l'incon-
venance. Passons à d'autres scènes qui se sui-
vent de près, où Madame Manson nous présente ce M. Clémendot se conduisant avec elle,
non pas comme on le fait avec une femme que
l'on recherche par des soins attentifs et res-
pectueux, mais comme avec celles qui ont
perdu tout droit à notre estime.

Dès ce moment, une foi robuste, à toute
épreuve, est de rigueur; et comme tout va
devenir mystères dans la conduite de Mme Manson, c'est sans doute à ce titre qu'elle l'exige de
nous. Ainsi, il faut croire, absolument croire

qu'un homme ait poussé l'indécence jusqu'à aller s'établir toute une nuit chez une femme, et malgré elle; que cette femme, dans la crainte puérile de faire un éclat, qu'elle appelle ridicule, se soit laissée outrager, chez elle, par l'homme pour qui elle manifeste tant d'aversion. O bizarrerie du cœur humain! ô mystère impénétrable devant lequel s'abîment toutes les lumières de la raison! cet homme sans pudeur, cet homme dont l'effronterie brutale eût révolté les moins farouches, reste paisiblemeut maître du champ de bataille; ce n'est plus un ennemi, on lui fait du chocolat, on s'entretient tranquillement avec lui. Enfin, il fait part d'un bruit qui court dans la ville, qu'il y avait une femme le 19 mars, chez Bancal, que les uns disaient être Mlle Avit : Mme Manson répond qu'il n'est pas possible que cette jeune personne se soit trouvée dans un aussi mauvais lieu; et M. Clémendot met le comble à toutes ces impertinences, en ajoutant de suite qu'on prétendait que Mme Manson y avait donné rendez-vous à quelqu'un. Cette odieuse calomnie, elle l'entend de sang-froid : de sang-froid ! elle y répond par une plaisanterie finissant par ces mots : *Oh ! sûrement, c'est moi !*

Ici nous emprunterons les propres expressions de son père. A qui Mme Manson veut-elle persuader qu'elle a pu faire un badinage de ce genre ? Qui le croira ?

Sans doute il est des choses dont le sentiment seul peut, bien mieux que la raison, nous révéler le secret; mais ici tout repousse les assertions de Mme Manson. N'est-ce point renoncer à toutes les idées reçues, que d'admettre qu'un homme qui tient à quelque chose dans la société, qui, par sa profession, est plus que personne sous la dépendance de l'opinion; qu'un officier enfin, aille, à minuit, violer l'asile d'une femme respectable, pour le seul plaisir de la déshonorer ? d'une femme qui est la sœur de son ami, la sœur d'un militaire comme lui ? Il faut le dire, s'il fallait croire que Mme Manson fût exposée à de pareilles insultes de la part d'un homme qui la connaissait à peine, quelle idée pourrions-nous avoir de ses mœurs ? Nous n'apercevons pas ce que Mme Manson aurait à gagner à ce marché-là.

C'est à cette fatale nuit qu'elle attribua tous ses malheurs. Forcée de parler de cette aventure nocturne avec M. Clémendot, aventure connue de tout Rodez, on s'aperçoit que Mme Manson a usé de toutes les ressources de son génie pour la faire cadrer avec l'ensemble de son plan de défense, dont cette histoire est en effet le pivot. Le signe de vengeance que lui fit M. Clémendot au spectacle, et qui se trouve placé là pour amener le récit de cette nuit, n'est point explicable. On ne voit pas que Mme Manson ait assez maltraité cet officier, pour provoquer sa vengeance. Il nous semble, au contraire, qu'il n'avait pas trop à se plaindre d'elle ; dès le premier jour où il la rencontre au Foral, il est admis dans une partie de nuit : ce n'est pas là un traitement d'inhumaine.... Mais il est des choses tellement disparates, que tout l'art du monde ne les ferait pas concorder ; quelque bien assorties que soient les nuances, un œil un peu exercé y découvre bientôt toutes les pièces de rapport, et la fraude est reconnue. Supposons pourtant ici, contre toute vraisemblance, que Mme Manson ne doive qu'à sa mauvaise étoile la hardiesse de la conduite de M. Clémendot à son égard ; comment se justifiera-t-elle de lui avoir fait cette réponse : « Oh! « bien sûrement, c'est moi, » à la question la plus outrageante qu'on pût faire à une femme estimable? Car de deux choses l'une, ou Mme Manson était, le 19 mars, dans la maison Bancal, ou son alibi sera prouvé en justice?

Dans la première hypothèse, il n'y a que la plus étroite intimité, excluant toute réserve et toutes pensées secrètes, qui puissent autoriser une opinion aussi hardie que celle qui a provoqué la question de M. Clémendot ; et, sous ce rapport, la réponse de Mme Manson se trouve toute expliquée, elle est toute naturelle ; elle ne sait ni ne veut sceller la vérité, avec un homme qui a toute sa confiance : elle convient de l'existence d'un fait.

Dans la seconde, une supposition aussi injurieuse pour sa vertu, pouvait-elle être

ouïe sans les marques d'une profonde indignation? Mais Mme Manson ne pense ni n'agit
comme une autre. Un homme, à qui elle avait
parlé pour la première fois peu de jours avant,
ose lui dire qu'elle passe pour s'être trouvée
dans un lieu de prostitution, pour y avoir été
témoin d'un crime épouvantable; et elle répond à un pareil outrage, de manière à confirmer l'imputation! Et quand cet homme lui
répète que cette circonstance la rend plus intéressante à ses yeux, elle garde le silence, n'a-
joute pas un mot pour le désabuser! et ils se
séparent, sans qu'elle ait démenti sa réponse!!...
Quoi! commettre ainsi sa réputation, son honneur, au hasard d'une plaisanterie! Éveiller,
pour ainsi dire, soi-même, le soupçon de notre
propre infamie! Certes, l'existence d'un pareil fait pourrait être révoquée en doute, si
Mme Manson n'avait pris la peine de nous le
raconter elle-même. Mais elle s'était promis de
nous faire marcher de surprise en surprise,
et l'on verra bientôt jusqu'où l'a entrainée le
désir d'une certaine célébrité.

C'est donc depuis cette nuit mémorable, que Mme Manson est devenue un personnage mystérieux dans l'affaire de M. Fualdès. Que l'on retranche sa scène nocturne avec M. Clémendot, et jamais le nom de Mme Manson n'eût été prononcé dans le récit de cette catastrophe. C'est donc sa réponse à cet officier, qui lui a valu sa triste renommée. La fatalité peut l'avoir conduite dans la maison Bancal le 19 mars. Si l'on pèse bien plusieurs passages de ses Mémoires, et quelques détails de sa vie privée, on peut aisément croire qu'une femme de ce caractère, qui s'avoue elle-même inconséquente, et dont l'imagination paraît exercer tant d'empire sur ses actions, ait pu, à la rigueur, sûre de n'être pas reconnue, céder à la violence d'un mouvement de curiosité, et franchir, d'un pas léger, le seuil d'un lieu de débauche, devenu ce jour-là le repaire du crime. Oui, sans doute; mais, pourquoi, quand il n'était pas impossible que le plus profond mystère cachât à jamais cette cruelle faute, pourquoi l'avoir révélée? Un secret de cette importance, un secret dont la confidence peut même blesser les sentimens de celui à qui on le confie, devait-il jamais s'échapper de la bouche de Mme Manson, si ce n'est dans ce cas où la justice, mal éclairée, pouvait être exposée à commettre une erreur fatale? Mais, non, de faux calculs, une imagination toujours décevante, semblent diriger toutes les démarches de Mme Manson.

C'est quand son secret est divulgué, c'est après avoir paru céder elle-même enfin à la voix de sa conscience, en confirmant la déposition de M. Clémendot; c'est après s'être généreusement offerte en sacrifice à la majesté des lois, qu'elle change de système tout à coup; et, par ce trait inattendu, attire sur elle tous les regards étonnés. Tout autre eût reculé devant les obstacles; mais une femme capable de résolutions aussi hardies, une femme qui fait profession de calculer rarement les évènemens qui doivent résulter d'une action que son cœur lui dira de faire, et d'avoir rarement des remords; une telle femme semblait permettre à la famille des accusés de croire que tout n'était pas perdu, que tout n'était pas encore désespéré ; et, profitant avec art de ce précieux moyen, Mme Manson, maîtrisée sans cesse par son penchant pour le merveilleux, se laisse séduire au côté piquant de ce nouveau rôle. Elle ne voit pas qu'elle marche d'erreurs en erreurs, qu'elle va de fautes en fautes, et ouvre un précipice sous ses pas. Accordant bientôt son esprit avec sa nouvelle situation, elle se fait un autre langage ; et ses aveux, ses propres dépositions, n'ont plus de poids à ses yeux : elle prétend faire revenir ses juges, le public, toute la France, de son premier jugement !

Il y a en effet ici un rapprochement de circonstances qui mérite la plus sérieuse attention, parce qu'il peut jeter une grande lumière sur la conduite de Mme Manson. Nous voulons parler de l'entrevue secrète que Mme Pons (sœur et belle-sœur de deux condamnés) a eue chez elle depuis neuf heures du soir jusqu'à minuit. Peut-on se défendre des préventions les plus défavorables contre Mme Manson, quand c'est le lendemain de cette entrevue, dès sept

4

heures du matin, qu'elle envoie à M. Destourmel (préfet de l'Aveyron) cette fameuse pièce qui se trouve dans ses Mémoires, sous le n° 6, et dans laquelle elle rétracte tout ce qu'elle avait déposé et signé antérieurement; pièce qui a fait dire à M. le préfet qu'il n'y avait pas reconnu le style de Mme Manson.

Nous n'accréditerons pas des bruits qui ont couru que Mme Manson avait reçu une somme assez forte pour se conduire ainsi; si Mme Manson est avide de quelque chose, nous ne croyons pas que ce soit d'argent. Elle est un peu moins mal expliquée par cette phrase de Corine, qu'on lui applique dans la lettre à l'éditeur de ses Mémoires. Quoiqu'il en soit, cet incident et d'autres particularités qui s'y rapportent, forment une masse de présomptions que, selon nous, Mme Manson n'a pu détruire: qu'on en juge.

Elle dit qu'à la sortie du tribunal, *Jausion cherrcha ses yeux et la fixa d'un regard tellement significatif, qu'elle ne douta point qu'il ne lui demandât quelque chose.*

Au tribunal même, Bastide et Jausion saluent

Mme Manson dès qu'ils l'apperçoivent. *Ce qui lui fit entrevoir qu'ils se perdaient et la perdaient aussi.* Cette réflexion nous paraît imprudente; comment pouvaient-ils perdre Mme Manson, si elle est étrangère à toutes les circonstances du meurtre de M. Fualdès?

Dans une lettre à son père, Mme Manson écrit ces phrases remarquables :

. . . .

. . . .

Je suis décidée à frapper le grand coup : tout le tribunal va être étonné ; je dirai la vérité toute entière, les malheureux périront ! et tel.... Brûlez ma lettre ; si l'on était prévenu, tout serait perdu.

. . . .

Vous me refusez des secours ; je vais perdre les seuls que je pouvais attendre, car Mme Pons eût partagé son pain avec moi.

Quels aveux positifs ! Et Mme Manson croit pouvoir dire aujourd'hui qu'elle ne sait rien !

Lettre de Mme Manson du 4 décembre, de sa prison.

. . . .

. . . .

Allez vous-en bien vîte.

. . . .

On croira du moins que je vous ai dit mon secret, et vous allez être mis à l'inquisition. Voilà une plaisanterie bien à sa place!......

Jamais on ne vit fournir plus d'armes contre soi dans sa propre justification; et l'on aurait lieu d'être étonné de voir dans les Mémoires de Mme Manson tant de faits matériels à sa charge, s'il eût été en son pouvoir de les passer sous silence. Mais tous ces faits étant de notoriété publique, les taire eût été chercher un avantage là où il n'y aurait eu qu'une maladresse grossière; Mme Manson l'a senti; tout ce qu'elle pouvait tenter, c'était de les présenter sous un nouveau jour, et c'est ce qu'elle a entrepris. Le manque de succès ne prouve pas toujours un défaut total de talens, c'est tout ce que l'on peut dire de mieux sur ses Mémoires : poursuivons.

Plus on en approfondit la matière, et plus on y découvre de contradictions. Avec quelque soin que l'on examine chacun des faits isolément, pour les comparer ensuite avec l'ensemble des circonstsnces et en former un tout suivi et irrégulier, on est arrêté à chaque instant par l'incohérence de certains détails, qui n'en sont pas moins essentiels à la marche des évènemens. Il est certain qu'il y a dans la conduite de Mme Manson des choses dont elle seule à la clef; mais il lui importe peu, dit-elle, d'être inexplicable pour tout le monde, pourvu qu'elle ne le soit pas avec ses amis. Il nous semble que c'est trop céder à l'envie de passer pour une femme extraordinaire, que de se rendre incompréhensible, lorsque, comme elle, on est sur le banc de l'opinion, et qu'on a de si puissans intérêts à convaincre les esprits ; les explications qu'elle donne de son étrange conduite, ne sont pas de nature à la justifier.

Quand Mme Manson, par exemple, nous avoue qu'elle avait dans le principe de l'affaire Fualdès, des motifs pour y jouer le rôle de témoin ; on est en droit de lui dire :

Mme Manson, vous nous faites un roman; il ne viendra jamais à l'esprit d'une femme qui sent tout le prix de l'estime publique, d'une femme qui est épouse et mère, qui appartient à une famille honorable, de laisser croire à toute la France, qu'elle était dans un lieu infâme, à l'heure où un crime affreux a été commis; et cela, sous le vain prétexte de détruire des bruits qui couraient, dites-vous, que votre père prenait intérêt aux prévenus de ce crime; ce n'est pas un esprit aussi cultivé, aussi délié que le vôtre, qui ne sait point sentir l'énorme différence qu'il y a entre cette position et un déshonneur complet. Des bruits vagues, incertains, passagers, et qui devaient être sans effet contre la réputation d'un honnête homme, parce que l'évènement en aurait bientôt démontré l'absurdité, pouvaient-ils être mis en balance, avec la honte indélébile qui devait rejaillir sur vous et votre malheureuse famille, en vous présentant comme témoin dans cette tragique aventure ? N'ajoutez pas, non plus, que vous craigniez encore qu'il n'arrivât quelque malheur entre votre frère Edouard et M. Clémendot ; l'opinion que vous voulez nous donner de ce dernier, repousse de pareilles craintes. N'est-ce point cet officier que ce même Edouard n'appréhende pas de blesser, par une apostrophe aussi grossière que celle-ci : *Allez vous-en, vous nous excédez !* Apostrophe qui n'a été entendue que pour y obéir. N'est-ce pas ce même officier, à qui ses créanciers veulent donner une bonne quittance sur les épaules ? Il y a ici une contradiction manifeste à vouloir expliquer votre étrange détermination, par un motif qui ne recevait de force qu'en raison des sentimens d'honneur et de bravoure qu'il fallait supposer à M. Clémendot ; tandis que vous faites tout pour nous le représenter comme un homme que l'on pouvait bavouer impunément.

Mais voulant bien un moment accorder quelque valeur à ces motifs, en mettant aussi en évaluation les égaremens où peut entraîner une imagination telle que la vôtre, dites-nous, Mme Manson, puisque vous n'étiez pas dans la maison Bancal, comment vous n'avez pas hésité à vous présenter comme témoin, dans l'ignorance absolue où vous étiez des localités de cette maison ? Sur quoi vous avez pu espérer qu'il vous serait possible de donner un air de vraisemblance à vos déclarations, quand, d'une part, la famille Pal était là pour vous démentir, puisqu'elle avait, dites-vous aujourd'hui, la certitude du contraire, et que de l'autre, la plus simple question qu'on pouvait vous faire, allait vous exposer indubitablement à ne savoir que répondre ? La crainte trop fondée d'être bientôt convaincue de faux témoignage, ne vous a pas arrêtée ? Avouez, au moins, qu'il y a là plus que de l'imprudence. En réussissant, vous ne recueilliez que de la honte : en échouant, vous étiez criminelle aux yeux de la loi !

Toutefois il faut rendre justice à l'ardeur de votre zèle ; on dirait que cette ardeur vous a tenu lieu de tout, ou plutôt que vous lui devez ces heureuses inspirations qui vous ont fait deviner si juste ce que vous ignoriez si bien ; car l'on ne voit pas que M. Destournel ait jamais eu le moindre soupçon que vous fussiez un faux témoin. Pourtant les questions ne vous ont pas été épargnées ; selon vous, on vous en a excédée. On ne peut donc trop admirer cette perspicacité qui vous a révélé qu'il y eût un corridor dans la maison Bancal, quand vous répondîtes à M. Enjalran, que vous y aviez été épier les démarches d'un homme, et qu'ayant été saisie dans le *corridor* par quelqu'un, on vous avait conduite, vous ne savez où. L'existence du cabinet, vous l'apprenez de la bouche de votre père, ce qui parût vous réjouir fort, pour n'avoir pas un air trop neuf dans la connaissance des êtres de cette maison. Enfin, vous jouez si parfaitement votre rôle, que vous allez jusqu'à déclarer qu'on vous a écrit sur un morceau de papier : *Si tu parles, tu périras !* Jusqu'à faire la description de votre costume : que vous étiez

en homme ; qu'il ne vous reste que le spencer ;
que vous avez brûlé le pantalon ; et ce qui
prouve évidemment un talent supérieur, c'est
que, quand M. le préfet vous interpelle de dire
si c'est parce qu'il y avait du sang que vous
avez brûlé ce pantalon, vous répondez : *Eh!
bien, oui, il y avait du sang.*

Quoi! Mme Manson n'a pas frémi à l'idée
de passer pour complice d'un assassinat! Elle a
pu apporter de l'étourderie, de l'indifférence
même, dans une des positions les plus cri-
tiques où les vicissitudes de la vie puissent
nous jeter! Et c'est par de tels moyens qu'elle
prétendait assurer l'honneur de sa famille! Qui
le croira? Qui pourra jamais faire une telle
violence à sa raison? Ici tous les calculs de
l'esprit ne trouvent point de résultat; tout se
heurte, tout se confond, tout est ténèbres,
tout est mystère. On se fait mille questions qu'on ne peut résoudre. On cherche une
cause à des effets si extraordinaires; on ne la
trouve que dans l'organisation morale de
Mme Manson, et les difficultés redoublent quand

on veut l'expliquer. Y chercher un système suivi, serait en créer un soi-même. La versatilité de ses idées prouve qu'elle est incapable de résister aux impressions du moment. Les combinaisons calmes de son esprit triomphent rarement de ces impressions. Emouvoir son imagination, c'est se rendre maître d'elle, tant qu'une puissance plus forte ne vient pas s'emparer de cet étonnant moteur. Comment se rendre compte autrement des divers aspects sous lesquels Mme Manson se présente dans l'affaire de M. Fualdès? Ses vacillations, ses réticences, ses lettres pleines de mystère, n'attestent-elles pas qu'elle obéissait aveuglément à un guide incertain autant que bizarre, qui ne pouvait que l'égarer?

Nous ne pousserons pas plus loin nos réflexions sur l'insolubilité des motifs qui ont fait désirer à Mme Manson de se présenter comme témoin dans le meurtre de M. Fualdès; le lecteur y suppléera; seulement nous sommes surpris qu'elle nous donne sur elle cet avantage de laisser apercevoir la coïncidence frappante qui existe entre ce désir et la nature de la déposition de M. Clémendot. N'est-ce point atténuer elle-même la force de sa dénégation ? Quoi de plus naturel, en effet, que Mme Manson, qui avait l'arrière pensée de jouer un rôle dans cette affaire, profitât de la première occasion pour entrer en scène ? Ainsi donc, ce qu'elle nous dit ne tend qu'à corroborer l'opinion sur la véracité des révélations de M. Clémendot ; mais il reste toujours à asseoir un jugement sur deux questions importantes que voici :

Mme Manson, bien qu'elle en soit convenue avec cet officier, était-elle ou n'était-elle pas dans la maison Bancal ?

Dans la négative, Mme Manson, par une de ces causes impénétrables et que toute la sagacité humaine ne saurait découvrir, connaît-elle les auteurs de l'assassinat de M. Fualdès et toutes les circonstances de ce crime ?

Si l'on considère l'extravagance d'un projet tel que celui dont nous entretient Mme Manson, de paraître comme témoin dans une affaire criminelle, sur laquelle on n'a pas la moindre notion ; nul doute qu'un semblable projet n'entrera jamais dans une tête capable de comparer deux idées ensemble, encore moins dans celle d'une femme qui classe les siennes avec tant de méthode. Ainsi, nous ne nous attacherons qu'à examiner, par l'analyse des faits, les degrés de probabilité qu'il y a pour l'affirmative de l'une ou l'autre de ces questions.

Mme Manson ne veut plus aujourd'hui s'être trouvée le 19 mars dans la maison Bancal, et elle appuye sa dénégation comme on l'a vu. L'instruction de la procédure ne laissant aucun doute qu'une femme voilée, qui y avait donné rendez-vous à quelqu'un, s'y trouvait au moment du crime, elle cherche à en jeter l'identité sur une D^{lle} Rose Pierret ; et à cette occasion, elle raconte l'histoire d'un voile noir qu'elle a apperçu chez Rose, qui parût mal à son aise quand elle lui en demanda le prix. A cette époque, dit Mme Manson, « *j'ignorais qu'il y eût* « *une femme voilée chez Bancal , et je ne pou-* « *vais avoir aucun soupçon au sujet de Rose.* »

Aucun soupçon au sujet de Rose ! Mme Man-son a fait bien des sacrifices à l'amour-propre dans ses Mémoires : où avait-elle donc cet esprit si plein de finesse, ce tact, cette pénétration qu'on lui donne, quand, le troisième jour après la mort de M. Fauldès, cette Rose lui raconte toutes les particularités du crime ? Comment savez-vous cela ? serait échappé de toutes les bouches. Mme Manson n'aime rien faire comme les autres. C'est bien pis, peu de jours après ! Rose ajoute à ses premiers détails, qu'il y avait deux coupables qu'on ne tenait pas : même ré-serve, même discrétion, même silence de la part de Mme Manson. On sait qu'au tribunal, Rose nia de lui avoir jamais parlé de M. Fualdès.

Quel intérêt a donc Mme Manson de faire soupçonner que c'est Rose qui fût chez Bancal ? Que lui importe que ce soit Rose, si ce n'est pas *elle ?* Comment expliquer encore le silence qu'elle a gardé envers sa mère sur cet évène-ment ? Elle remettait, dit-elle, à lui écrire, jusqu'à ce qu'elle eût des renseignemens positifs. Eh ! que manquait-il à ceux donnés par Rose ?

Elle les a bien trouvé dignes d'être racontés à Sophie Rodat; ce qui lui a valu la remarque de son cousin, qu'ils ne pouvaient venir que d'un témoin oculaire.

Citons un autre trait de modestie de la part de Mme Manson, pour pallier l'imprudence d'un propos tenu par elle à son cousin. Le co-accusé Bousquier avait déclaré qu'il avait cru reconnaître Jausion dans la cuisine de Bancal. Là-dessus, Mme Manson répond qu'elle croyait à l'existence de la déposition, sans en garantir la véracité; il paraît que ce cousin a entendu et répète quelque chose de plus concluant contre Mme Manson, puisqu'elle aime mieux attribuer ce mal-entendu à la manière peu intelligible dont elle s'exprime quelquefois, en observant qu'il en résulte de grandes conséquences.

La remarque est judicieuse, sans doute; mais si, d'un trait de plume, on pouvait tout justifier comme essaye de le faire Mme Manson, cela ne vaudrait pas la peine d'y penser. Là, j'avais des oreilles sans entendre; ici ma langue a mal tourné; ailleurs j'étais dans le délire, etc., etc. Rien ne tire à conséquence avec de pareilles ressources dans l'esprit. Ne craignant pas d'épuiser une mine si féconde, nous demanderons à Mme Manson, sur quoi elle peut être persuadée que *si Rose Pierret était présente à l'assassinat, elle doit la vie à Jausion; ou que plutôt ne l'ayant pas vu, elle regrette de le voir accusé?* Où elle a puisé cette opinion *que le monsieur de moyenne taille, que Bousquier a pris pour Jausion était un autre que lui?*

On est frappé dans le cours de ces Mémoires des soins que prend Mme Manson pour écarter tout soupçon de culpabilité sur Jausion. On se rappelle qu'en confirmant au préfet la déposition de M. Clémendot, combien elle mit d'importance à ce qu'on ne crût pas qu'elle lui avait parlé de Bastide et de Jausion; on remarque toujours le même dessein lorsqu'il est question de ce dernier; mais ici c'est presque une tentative pour le sauver. Un intérêt aussi marqué ne serait-il pas la dette de la reconnaissance qu'elle a voulu acquitter, autant qu'il était en son pouvoir dans la fatale position où les aberrations de son esprit l'ont entraînée? De quel poids est cette réflexion, quand on ressaisit la trame qu'elle a elle-même ourdie pour prouver sa présence chez Bancal! Quel concours prodigieux de faits à l'appui de cette assertion! Si on la voit incertaine, si elle chancèle quelquefois dans sa marche, c'est à des intervalles où les illusions d'une fausse célébrité l'abandonnent, pour la livrer aux amers conseils de la raison. Quel démon, quel génie malfaisant eût pu se plaire à torturer ainsi l'opinion, par des révélations fallacieuses? Ne courons pas après le merveilleux quand les lumières de la raison sont là pour nous guider ; elle nous parle, elle nous crie qu'il est impossible (à moins d'être devin), qu'il est moralement impossible qu'une femme imagine un rôle semblable à celui qu'a joué Mme Manson, sans autre appui que l'audace, sans cette confiance inébranlable qu'inspire la vérité!

On arrive au dernier degré de conviction, quand, après ses aveux, on relit ses lettres au préfet de l'Aveyron, sa lettre à son père, les mots terribles qu'elle a prononcé dans les séances des 22 août et 12 septembre, et que l'on réfléchit que la rétractation de ces mêmes aveux, fut immédiatement suivie de l'entrevue qu'elle eut la nuit avec Mme Pons, sœur et belle-sœur de deux condamnés : quelles preuves plus fortes veut-on de la possession d'un grand secret qui l'oppresse, qu'elle n'ose plus dévoiler par la crainte des conséquences ? Quel intérêt la famille des accusés aurait-elle eu à ménager cette femme ? Pourquoi ces émissaires, ces tentatives pour la circonvenir ? Pourquoi ces attentions marquées des coupables dès qu'ils l'aperçoivent ? Que signifie ce regard mystérieusement quêteur de Jausion ? Tout milite donc avec force en faveur de cette opinion, que Mme Manson était le 19 mars au soir, dans la maison Bancal. Un alibi juridiquement constaté, pourrait seul trancher la question négativement ; mais on a lieu d'être surpris que, loin de tirer parti d'un moyen si décisif, Mme Manson glisse assez maladroitement, il faut le dire, sur un point aussi capital de sa défense. A en juger parce qu'elle nous dit elle-même de la famille Pal, il paraîtrait qu'elle ne compte pas positivement sur le témoignage de cette famille. Que signifient ces mots : *Les Pal croyaient et croyent sûrement encore aujourd'hui que j'étais chez eux le 19 mars ; mais ils en seraient encore plus certains, qu'ils ne le soutiendraient pas en justice, dans la crainte de se compromettre, et qu'on ne dit dans le monde qu'ils me tiennent la main.* Quelle idée affreuse il faut concevoir de cette famille Pal, pour ajouter foi à ce que nous dit Mme Manson ! Ne serait-on pas en droit de dire à cette famille :

Une femme est dans les fers, elle gémit sous le poids d'un soupçon odieux ; vous seuls pouvez éclairer la justice, vous seuls pouvez rendre cette femme à la liberté, à l'honneur, en déposant de son innocence ; et vos consciences ne vous crient pas votre devoir! Et vous pouvez hésiter un moment à y obéir, par la crainte insensée de manifester toute votre indignation, contre une infâme calomnie! Ah! craignez, craignez plutôt que l'opinion publique, dont on voudrait en vain casser les arrêts, ne punisse un si coupable silence, par l'ignominie qui s'attache à tant de lâcheté!

Mais Mme Manson aurait-elle le droit de tenir un pareil langage, quand elle semble elle-même encourager le silence de cette famille, en lui recommandant de ne pas perdre de vue ses propres intérêts, qui doivent l'emporter, dit-elle, sur ceux d'autrui. Qui croirait que le moyen le plus victorieux qu'on puisse opposer aux révélations de M. Clémendot, elle dédaigne de l'employer; car en thèse générale, nul doute que la déclaration de toute une famille, ne l'emportât sur le témoignage d'un seul homme.

Mais la famille Pal ne pourrait-elle pas plutôt dire à Mme Manson :

En justice, pour rendre témoignage d'un

fait, il faut que ce fait soit palpable à nos yeux, que nous ne puissions douter de son existence, sans récuser le propre témoignage de nos sens; vous avez, en effet, passé une partie de la soirée du 19 mars parmi nous; mais enfin, vous nous avez quittés, et dès que nous avons cessé de vous voir, nous ne pouvons pas plus affirmer que vous fussiez dans un lieu, de préférence à un autre, que de dire ce que vous avez pu faire ou penser à telle ou telle heure. Vous savez qu'une fois rentrée chez vous, nous étions dans une ignorance absolue de toutes vos actions; que vous pouviez y recevoir qui bon vous semblait. Il vous est même arrivé de passer la nuit dehors, nous n'en avons rien sçu; vous en convenez vous-même, en rendant compte de votre partie à la barraque de Flavin, avec Rose Pierret, votre frère et M. Clémendot. Ainsi, passé l'instant où vous vous êtes retirée, nous ne sommes pas plus instruits que le public de tout ce que vous avez pu faire ce soir là. Mais maintenant, comme vous ne nous croyez pas assez

stupides pour admettre que l'on puisse se trouver en même-temps dans plusieurs lieux à
la fois, nous vous demanderons comment, nous
sachant si convaincus que vous n'aviez pas
cessé d'être avec nous toute la soirée du 19
mars, vous n'en avez pas moins satisfait votre
envie de vous présenter comme témoin dans
l'affaire Fualdès, en déclarant que vous étiez
ce même soir 19 mars dans la maison Bancal?
Il nous semble que vous nous avez traités là
un peu lestement, et comme de bonnes gens
peu faits pour ralentir l'exécution de vos vastes
desseins? Il faut le croire, et nous voyons bien
aujourd'hui, que ce qui serait une difficulté, un
obstacle pour des esprits bornés comme les
nôtres, n'est qu'une misérable vétille à laquelle
vous ne prenez seulement pas garde....

Nous ne savons pas ce que Mme Manson
pourrait opposer à des réflexions si naturelles.
Mais telle est la profondeur du mystère dont
s'enveloppe cette femme extraordiraire, qu'en
arrivant, par l'analyse des faits, aux présomptions les plus entraînantes qui nous la pré-

sentent comme témoins de l'assassinat , on n'y découvre pourtant aucune de ces preuves irréfragables dont on sent le besoin pour que nul doute ne puisse plus embarrasser l'esprit. Néanmoins si l'on considère que, pour détruire cette masse de présomptions , il faut admettre la possibilité d'un hasard incompréhensible qui ait révélé à Mme Manson le secret de cette sanglante catastrophe, on sent que c'est donner la préférence à une hypothèse qui appartient aux chances, aux combinaisons bizarres dont les causes nous seront à jamais inconnues, et dont personne ne peut nous dérouler le tableau, ni nous dire où ces combinaisons s'arrêtent. Quand on a, comme ici, un problême moral difficile à résoudre, on est plus assuré d'être sur le chemin de la vérité, en la cherchant dans les traditions du passé, et, si l'on peut s'exprimer ainsi, dans les archives de nos passions. Ces archives sont ce qui constitue notre instance privée, nos goûts, nos penchans, nos mœurs enfin ; tout est là, et Mme Manson s'y montre assez à découvert pour y lire.

En effet, on voit une femme plusieurs fois séparée de son époux, et en dernier lieu vivant dans la plus entière indépendance; aucune contrainte ne paraît borner l'usage de sa liberté : elle se livre à toutes les impulsions instantanées du plaisir; elle peut indifféremment aller coucher, ou chez elle, ou dans un auberge, selon qu'il convient à ses projets. Si une si précieuse liberté l'expose aux traits de la médisance; si elle prête plus que personne aux interprétations malveillantes, elle sait se résigner aux sots coquets d'une ville de province, et par l'effet de cette fierté, ou de cette bizarrerie dont elle s'accuse elle-même, elle dédaigne d'en tenir compte. Ce n'est donc pas par l'autorité de ses principes que Mme Manson a jamais voulu se faire remarquer; mais on est fâché qu'elle en soit réduite à faire penser que, pour donner la meilleure garantie possible de sa résistance avec M. Clémendot, pendant toute cette nuit qu'il a passée chez elle, il fût besoin de la preuve suivante : *Ce n'est pas que M. Clémendot fût, comme je l'ai dit, à redouter pour moi, car*

on prétendait qu'en partant de Rodez, il em-
portait d'amers souvenirs !

Nous ne commenterons pas cette phrase, la
pudeur le défend. Mais comment une femme
d'esprit comme Mme Manson a-t-elle pu l'é-
crire ? A-t-elle voulu par-là diminuer notre
étonnement de ce que toute une ville, de ce que
sa propre famille ne fissent aucun doute qu'elle
ait été dans un lieu de prostitution ? C'est ici
où les interprétations malveillantes auraient
beau jeu. Comment savoir de pareils détails
sur un homme que l'on connaissait à peine, et
qu'elle méprisait autant ? etc., etc., etc. . . . .
C'est pousser la curiosité bien loin !

Si l'on examine ensuite sa conduite dans ses
rapports immédiats avec l'affaire Fualdès, on
y trouve la même indépendance, la même hardiesse dans les idées ; son cœur et son esprit
semblent ne vivre qu'au jour le jour ; vous la
cherchez sur un point, vous ne la retrouvez
plus : ce n'est plus elle, elle a changé de forme,
d'attitude, de langage. Aujourd'hui, c'est une
ame impassible qui suit d'un œil tranquille un

assassin que l'on mène au supplice ; qui voit, sans s'émouvoir, le cadavre d'un honnête homme que l'on a égorgé ; demain elle s'évanouit au seul aspect du lieu où le crime a été consommé, et sa sensibilité s'élevant enfin tout à coup au plus haut degré d'exaltation, vous la voyez, semblable à ces pythonisses de l'antiquité, proférer, à la vue des coupables, dans le temple de la justice, des paroles tout à la fois mystérieuses et prophétiques qui deviennent mortelles pour eux.

Un caractère aussi singulier ne peut être jugé que d'après lui-même ; il est peut-être un type dans la nature. Quelqu'incroyable qu'il semble qu'une femme aspire à une sorte de célébrité, au mépris même des dangers, qu'elle affronte un océan d'orages sans autre boussole qu'une aveugle prédilection pour tout ce qui sort de la route commune, tout ce qui peut frapper les esprits d'étonnement ; les faits sont là, ils parlent, ils répondent affirmativement. Telle est Mme Manson.

Qu'elle réponde donc, si elle peut, à ce dilemme.

Si elle ne s'est pas trouvée dans le lieu du meurtre de M. Fualdès, pourquoi s'est-elle tant appli-
quée à accumuler toutes les preuves du contraire?

Si elle était chez Bancal à l'heure du crime,
qui l'obligeoit à le dire? Après l'avoir relevé,
pourquoi l'avoir nié ensuite?

Dans aucune des positions où il lui a plu
de se placer, on ne voit jamais qu'elle ait été
mue par le grand intérêt de la justice. C'est
d'elle seule, toujours d'elle qu'elle s'occupe.
Dès que l'illusion qui lui servait de guide l'aban-
donne, que d'amères vérités lui succèdent, on
la voit incertaine dans sa marche et s'arrêter,
elle ne sait plus quelle route tenir; mais dans
le silence de la nuit, elle prête l'oreille à une
voix plaintive, douce et flatteuse qui l'appelle,
qui lui trace le nouveau chemin qu'elle doit
suivre, et toujours poussée par son génie aven-
tureux, elle obéit à cette voix mystérieuse sans
songer qu'il peut y avoir quelque péril (1).

____

(1) Allusion à l'entrevue secrète qu'a eue Mme Pons
avec Mme Manson depuis neuf heures du soir jusques
après minuit.

Voilà, en peu de mots, le secret de la conduite de Mme Manson. Le désir de jouer un personnage extraordinaire l'a entraînée dans des démarches dont l'imprudence ne pouvait être aperçue par un esprit séduit. Présumant toujours mal de ses forces, elle a cru un moment rester assez maîtresse des évènemens pour ne leur laisser jamais prendre que la direction convenable à ses projets. Cette illusion ne pouvait se soutenir; elle mettait d'ailleurs dans un péril imminent les plus précieux intérêts, et une amie malheureuse s'apprêtait à en triompher. La voix touchante de l'infortune, l'ascendant de l'amitié, le tableau étudié des dangers, pouvaient-ils manquer d'agir sur une femme qui paraît avoir besoin de fortes commotions pour sentir qu'elle existe, et qui ne faisait qu'ajouter encore à l'étonnement du public, en changeant tout à coup de système? Nous n'en doutons point, toutes ces causes réunies l'ont emporté sur celle de la justice; et c'est dès ce moment qu'elle a conçu le hardi projet de renverser elle-même l'édifice qu'elle avait élevé de ses pro pres mains pour le triomphe de la vérité.

Mais les efforts qu'elle fait pour retourner sur ses pas, sont aussi pénibles qu'impuissans; les obstacles qu'elle a placés elle-même depuis son point de départ jusqu'à celui où, rebutée de l'aspect de sa route, elle a tenté de rétrograder, sont des obstacles insurmontables pour elle. Vouloir revenir par des détours, c'est s'égarer; c'est plus, c'est se perdre. Il faut qu'elle rentre dans sa première direction, qu'elle la suive jusqu'au terme. Le trajet, il est vrai, est douloureux, il est hérissé de cruelles épines, qui pourront faire des blessures d'autant plus vives, qu'il faut renoncer à l'espoir de s'envelopper encore pour se garantir de leurs atteintes; car rien ne doit plus entraver sa marche, il serait trop dangereux pour elle de chanceler. Mais, après tout, ces blessures ne seront pas mortelles, et quand il ne se trouve sur notre passage que d'affreux précipices où l'on pouvait s'abîmer par le moindre faux pas, il est encore heureux de pouvoir suivre la seule route tracée, et d'en être quitte pour quelques plaies légères que le temps saura guérir, mais dont il n'effacera, à la vérité, jamais les cicatrices.

Tels sont les conseils que dicte la prudence; mais plus on réfléchit à la fatale position où Mme Manson s'est jetéë si volontairement, au rôle qu'elle soutient aujourd'hui avec un assurance qui impose encore à certains esprits, moins on peut préjuger de la conduite qu'elle va tenir aux assises d'Alby. Un tel caractère est, comme on l'a vu, capable des résolutions les plus étonnantes; vouloir la juger d'après les lumières de l'expérience et de la raison, c'est la méconnaître; vivre ignorée, paraît être pour elle un état de langueur; c'est, du moins, à quoi il faut attribuer le peu de réserve de toutes ses démarches dans l'affaire Fualdès. Sans sa tendresse excessive pour son fils, seul côté par où elle paraît sentir son cœur, on pourrait dire, sans témérité, que tout est dans sa tête. Ce jugement n'est pas trop sévère : que l'on se rappelle toutes les métamorphoses qu'elle a offertes à nos yeux. A-t-on un guide sûr, un guide qui nous trompe rarement, quand on

n'est jamais dans un juste rapport avec les motifs qui nous font agir? N'est-ce point Mme Manson qui, après avoir été trahie, outragée par
M. Clémendot, a su cacher assez son ressenti-
ment pour pouvoir lui dire devant le préfet :

« Puisqu'il faut rendre l'honneur à un brave
« officier, je conviens que je vous ai avoué
« m'être trouvée, le 19 mars, dans la maison
« Bancal. »

N'est-ce pas la même femme qui, après nous
avoir dit qu'elle avait peur des revenans, nous
confesse que son projet était de brûler la cervelle à M. Clémendot en présence du tribunal;
qu'elle avait demandé des armes pour l'exécution de ce crime ?

Faut-il redire encore à quel prix elle a voulu
jouer un rôle dans un évènement effroyable?
Aujourd'hui même, à la veille d'un jugement
qui va décider du sort de sa vie, tout ne dé-
cèle - t - il pas encore dans Mme Manson le
besoin d'occuper l'attention, l'envie de passer
pour une femme extraordinaire? Son style est
rarement ce qu'il devrait être dans sa position :

il sent l'étude ; au lieu de cette simplicité touchante qui persuade et qui semble mieux ap-
partenir à la manière d'écrire de son sexe, il y
règne de l'affectation ; et c'est à elle qu'on doit
appliquer cette pensée d'un auteur connu, que
l'esprit qu'elle veut montrer par-tout, nuit à
l'esprit qu'elle peut avoir. On y remarque aussi
beaucoup de choses de mauvais goût, et en général un grand défaut de tact des convenances.
Peut-on approuver qu'une femme, pour le
plaisir de se citer, fasse d'elle un portrait où
l'intention de paraître singulière, originale,
perce dans chaque trait ? On en jugera par les
phrases suivantes :

. . . .

*Je crois avoir ce qu'on appelle une mauvaise
tête : ce qui manque à la mienne pourrait bien
se trouver dans mon cœur ; mais ce qui y entre
une fois n'en sort plus.*

Nous ne voyons pas ce que Mme Manson
pourrait avoir à gagner à se faire passer pour
une mauvaise tête. De quoi n'est pas capable
une mauvaise tête ! Est-ce sur la foi de

Mme Manson que nous déterminerons la portée des écarts dont la sienne est susceptible? que nous fixerons les limites dont elle s'est affranchie et celles qu'elle a su respecter? Mme Manson, en nous faisant cette confidence, n'a pas réfléchi que c'était s'exposer à un jugement trop arbitraire, qui n'est pas sans danger dans sa situation :

Ce qui manque à la mienne pourrait bien se trouver dans mon cœur.

Cette pensée manque de justesse. Mais Mme Manson devrait au moins nous apprendre lequel de ces deux organes l'emporte sur l'autre ; car, si c'était la tête qui agît toujours, même contre les mouvemens du cœur, il importerait peu que ce cœur fût excellent, s'il n'était jamais obéi. La tête ferait donc incessamment le mal, et ne laisserait au cœur que la faculté du repentir. *Mais ce qui entre une fois dans le sien n'en sort plus!*

Jusqu'ici on était convenu que ce qui entrait une fois dans la mémoire pouvait bien, à la rigueur, n'en plus sortir ; mais pour le cœur, il n'en peut être de même, cela ne vaut guère la

peine d'être expliqué. Toutefois, si l'on voulait croire un moment que le cœur de Mme Manson fît exception à la règle, on serait effrayé
du corollaire d'une telle proposition.

Si, en effet, le cœur est le siége de toutes
nos passions, une femme chez qui la piété
filiale, l'amitié, l'amour conjugal et toutes les
affections vertueuses enfin seraient inaltérables,
malgré l'empire du temps, certes une telle
femme mériterait nos adorations; mais si,
conservant également dans son cœur, et toujours au même degré, tous les sentimens qui
y ont trouvé accès; la haine, la vengeance ne
sont-elles pas des passions qui peuvent aussi
s'y introduire? Elle survivront donc à tout?
rien ne pourra donc jamais les en chasser?
Est-ce bien sous de pareils traits que Mme Manson a voulu s'offrir à nos regards? nous ne
pouvons le croire. Il faut faire la part de son
penchant pour tout ce qui est bizarre, de préférence à ce qui est simple et naturel; la part de
son goût pour tout ce qui peut donner une teinte
romanesque soit à ses écrits, soit à ses actions.

Au surplus, nous aurons, à cet égard, meilleure opinion de Mme Manson qu'elle ne nous y autorise elle-même. Nous sommes bien persuadés que ses sentimens se modifient selon la cause qui les a déterminés ; séparée plusieurs fois de son époux, son cœur ne retient pas pour la vie ce qui une fois y est entré. Et que serait-ce encore, s'il nous fallait croire que parce qu'elle a eu, selon son propre aveu, le désir de brûler la cervelle à un homme qu'elle nous présente comme son ennemi (M. Clemendot), la haine implacable qu'elle porte à cet officier, et le désir de s'en venger subsisteront dans son cœur tant qu'elle n'aura pu assourvir sa vengeance !... Mais. écartons bien vite cette vilaine pensée, et imitons Mme Manson, qui, pour faire preuve de variété dans son style, sait passer du grave du sentencieux, au ton léger et badin, suivant ce précepte de Boileau :

Passer du grave au doux, du plaisant au sévère.

Elle écrit de sa prison :

. . . .

. . . .

Mon concierge se désespère, je lui dis que je sais tout en dépit de sa surveillance. . .

. . . .

Je lui ai dit que j'étais une magicienne, et ce qu'il y a de plus plaisant, c'est qu'il en est persuadé.

. . . .

. . . .

Passez-moi ce petit paragraphe en faveur de mon vieux concierge, c'est un brave homme, et je l'ai pris en fantaisie.

Quelle tranquillité d'esprit! quel enjouement! quel charmant badinage! Prendre quelqu'un en fantaisie! Que ce néologisme est là judicieusement placé! et que l'on est tenté de croire, comme ce bon concierge, que Mme Manson est, en effet, une magicienne, mais dont tout l'art est de se jouer de nos vains respects pour la cause sacrée de la justice! Quoi! son imposant appareil, ces portes lugubres, ces grilles, ces verroux, ce silence mystérieux qui règne autour d'elle; son honneur compromis, celui de sa famille; la société à venger d'un grand crime, toute la France attentive à ses résultats, rien enfin de ce que les hommes n'envisagent qu'avec une secrète horreur, ne peut réprimer les élans de sa gaîté! et Mme Manson a pu pousser l'oubli des convenances jusqu'à ajouter...

On vient de me dire que je suis décidement en accusation ; mais cela ne m'empêche pas de rire : mes juges seront plus embarrassés que moi.

Rire! grand Dieu! quand notre nom se mêle au récit d'un crime atroce! Rire! quand les lois semblent gronder comme la foudre sur notre tête ! quand d'affreuses ténèbres, environnant les juges, effrayent leur conscience par la terreur d'un jugement inique, se jouer ainsi de leurs incertitudes, de leurs perplexités! La plus auguste fonction que l'homme puisse exercer ici-bas, celle de juger ses semblables, lui fournir la matière d'une mauvaise pointe d'esprit!

Il semble que Mme Manson ait pris à tâche de ne jamais rien faire ni dire qui soit propre à lui concilier les esprits. Par-tout dans ses

Mémoires on ne voit que des incohérences entre les idées et les choses. Si elle a voulu imprimer le cachet de la bizarrerie à tout ce qui venait d'elle, on ne peut pousser des succès plus loin ; mais pour se distinguer, faut-il donc se pendre ?... Qui plus que Mme Manson avait besoin de se rendre l'opinion favorable ? Nous croyons sincèrement que Mme Manson n'est point complice de la mort de M. Fualdès ; mais il n'en est pas moins vrai qu'un tel langage n'est pas celui de l'innocence. Son imagination l'entraînant toujours au-delà des bornes, va-t-elle jusqu'à se faire un jeu des intérêts les plus chers, pour conserver l'attitude qu'elle a prise ? ou pense-t-elle qu'il n'y ait aucun risque à courir de faire dépendre son honneur, et peut-être sa vie, d'un secret que la sagacité de ses juges peut découvrir, avant qu'elle se décide à en dévoiler tout le mystère ? Oui, nous le répétons, ce n'est pas là le langage de l'innocence ; elle veut être rassurée : il ne lui suffit pas de sa conscience, elle a besoin de parler à la conscience d'autrui. C'est moins la mort qu'elle redoute, que la honte d'être soupçonnée, et son véritable supplice commence dès qu'elle est accusée. Ces exemples malheureux de juges qui ont profané le temple de la justice, ces monumens d'iniquités, sortis de ce sanctuaire auguste, ne sont-ils donc pas faits pour la rendre timide et craintive! Qui peut avoir oublié les Calas, les Sirven, les Labarre, et tant d'illustres victimes offertes à la rage de fanatiques barbares ?...... Ces temps déplorables ne sont plus, il est vrai; Mme Manson vit dans un siècle, vit sous un règne où la propriété, l'honneur et la vie des citoyens sont garantis par des lois protectrices, inviolables, et dont l'exécution est confiée à des magistrats aussi intègres qu'éclairés par une saine philosophie ; mais quelque confiant que l'on soit dans la justice de sa cause et les lumières de ceux appelés à nous juger, on ne surmonte pas toutes les craintes, et l'esprit est involontairement entraîné à grossir la part des erreurs, des préjugés et des passions qui souillent les annales du genre humain.

Une résignation modeste, une mélancolie noble et imposante, voilà l'attitude qu'il convenait de prendre à une femme que la fatalité a conduite dans les fers; mais se livrer à de fades plaisanteries quand, comme Mme Manson, on est chargé du poids terrible d'une accusation; c'est tout ensemble parodier la vertu, et blesser la dignité des lois.

Nous nous arrêtons à ce dernier trait: pousser plus loin nos remarques n'ajouterait aucune force à la vérité. Elle nous paraît, d'ailleurs, jaillir de toute part dans le cours de cette Réfutation. Le voile nous semble tout à jour, et si quelques lambeaux, épars çà et là, n'ont pas été soulevés, c'est que les choses qu'ils couvrent encore sont étrangères à notre sujet.

Opposer sans cesse Mme Manson à elle-même, et de cette opposition faire ressortir des preuves évidentes qu'elle connaît les meurtriers de M. Fualdès et toutes les circonstances de sa mort; faire dériver de cette proposition démontrée, les présomptions les plus fortes que c'est dans le lieu même du crime qu'elle en a acquis la connaissance; que de vives instigations, et peut-être l'art avec lequel on a voulu lier sa cause avec celle des prévenus, devaient triompher d'une femme dont l'imagination paraît avoir corrompu le jugement, et nous la présenter sous des aspects si différens : tel a été notre but. Si, pour y parvenir, nous avons usé franchement de tous les avantages que nous ont donnés ses Mémoires, c'est que rien ne devait nous paraître plus précieux que la découverte de la vérité. Avons-nous atteint ce but? c'est au public à en juger. Toutefois, nous n'avons rien dit qui ne fût de conviction intime pour nous ; et, quelqu'imparfaites qu'aient été nos recherches, elles pourront faciliter la voie à des moralistes plus judicieux, plus profonds, et l'espoir que cet opuscule pourra être de quelqu'utilité à l'ouverture des nouveaux débats qui vont avoir lieu à Alby, est déjà une récompense.

FIN.